DÉPÔT LÉGAL
Côtes du Nord
N° ...

DU BOIS DE LA VILLERABEL

Vicaire Général

Archidiacre de Saint-Brieuc

ALLOCUTION

POUR LES MARIAGES

de

Monsieur Yves de LAUNAY

avec

Mademoiselle Pauline de CARGOUET

et de

Monsieur le Vicomte Louis LE BEL de PENGUILY

avec

Mademoiselle Madeleine de LAUNAY

CÉLÉBRÉS

Dans la Collégiale de Notre-Dame de Lamballe

LE 29 AVRIL 1914

Du BOIS DE LA VILLERABEL
Vicaire Général
Archidiacre de Saint-Brieuc

~~~~~~~~

ALLOCUTION

POUR LES MARIAGES

de

Monsieur Yves de LAUNAY

avec

Mademoiselle Pauline de CARGOUET

et de

Monsieur le Vicomte Louis LE BEL de PENGUILY

avec

Mademoiselle Madeleine de LAUNAY

CÉLÉBRÉS

Dans la Collégiale de Notre-Dame de Lamballe

LE 29 AVRIL 1914

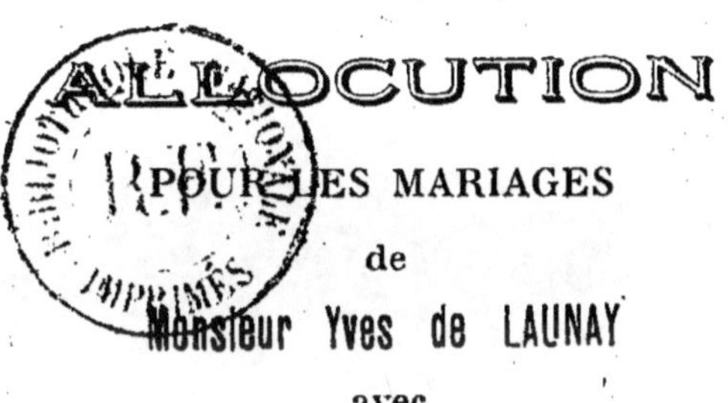
~~~~~~~~

BIBLIOTHÈQUE NATIONALE — IMPRIMÉS

Messieurs, Mesdemoiselles,

Quelle belle mission la Providence me confie aujourd'hui ! Elle m'appelle à contempler une double union, une quadruple joie, deux mariages inspirés par l'amour et consacrés par la religion ; elle m'associe au bonheur de deux pères qui fixent les destinées de leur fille et de leurs fils, d'une mère qui réalise le rêve cher au cœur de son enfant. Cette dualité de mariage dans la même maison ajoute singulièrement à l'émotion de cette fête et ce jour comptera comme un de ceux où se marque le destin d'une race. Tout ce que la religion unie à la nature met de tendresse dans l'âme des parents vis-à-vis de leurs enfants trouve son expression la plus parfaite en cette cérémonie qui allie de nou-

veau trois familles unies déjà par les liens
du sang ou d'une étroite amitié.

Ah! je sais une salle d'hôpital, à Redon,
où une sainte religieuse, inclinée au chevet
des malades, laisse sa pensée errer vers la
demeure paternelle et cette antique collégiale,
pour offrir à Dieu l'encens très pur de ses
prières, de ses charités et de ses sacrifices,
à l'intention des jeunes fiancés assemblés
aujourd'hui devant l'autel de Notre-Dame.

Je vous connais trop bien, Messieurs,
Mesdemoiselles, pour vous demander quelles
secrètes influences vous ont amenés jusqu'ici.
L'inclination du cœur a plus fait pour vous
y conduire que les calculs ordinaires du
monde. Vous vous êtes beaucoup connus
depuis votre enfance et vous avez appris à
vous estimer et à vous aimer.

O puissance mystérieuse de ces sympathies
qui échappent à l'analyse du psychologue le
plus subtil, et rapprochent pourtant avec une
irrésistible attraction des vies qu'elles fon-
dent ensemble par une parfaite harmonie des

convictions, des sentiments et des goûts. Ne les confondons pas avec ces coups de foudre où une sensibilité trop facilement émue illusionne le cœur et parfois trouble la raison. Ici, un père prudent les mit longtemps à l'épreuve, se défendit de les encourager et les obligea à prouver par leur ténacité la profondeur des racines qu'elles avaient plongées dans l'intime de vos âmes. Je les salue du nom d'amour, mais ce mot ne me suffit point, car l'humain y aurait trop de part. Aussi j'y ajoute une épithète qui transfigure ce noble mot et lui confère un reflet du ciel, je les appelle l'amour chrétien, amour sublime que l'Esprit-Saint surnaturalise, amour éternel que la mort elle-même consacrera.

Inclinez-vous, Messieurs, Mesdemoiselles, au pied de cet autel pour exprimer au Dieu de charité vos actions de grâces et en confier l'expression à la très douce Vierge Marie. Vous avez pénétré dans cette enceinte comme des vainqueurs. Courbez vos fronts, car vous vous trouvez chez une reine. Notre-Dame de

Grande-Puissance sourit à vos amours avec cette bonté maternelle que l'Esprit-Saint, au livre de l'Ecclésiastique xxiv, 24, met sur ses lèvres en cette déclaration : *Ego mater pulchræ dilectionis, et timoris et agnitionis et sanctæ spei*. Je suis la mère du bel amour, de la crainte de Dieu, de la foi et de la sainte espérance.

Je ne chercherai qu'ici le sujet de mes exhortations, car vous avez choisi, en pénétrant dans cette antique collégiale, une puissante patronne, de fiers témoins, un cadre favorable à vos serments. La Vierge Marie vous gardera, saint Guillaume et saint Charles de Blois vous assisteront, ce monument, cette colline riche de souvenirs et ces larges horizons vous rappelleront vos engagements et vos espoirs. En ces trois points, je vous dirai toute ma pensée et toutes les leçons que vous attendez de mon sacerdoce et de ma vieille amitié. L'aimable invitation de votre cher pasteur et du plus heureux des pères m'a conduit jusqu'à vous ; mon cœur a répondu sans hésitation à leur appel, car nul ici, j'ose le dire, ne s'associe plus cordialement que moi à votre bonheur.

I

Vous avez adopté pour votre protectrice une illustre reine, Notre-Dame de Grande Puissance. Il se trouve que vous placez vos foyers sous la garde d'une mère. Oh ! que ce nom de mère évoque ici d'émotions pénétrantes ! Trois se dèvraient rencontrer ensemble à cette fête, une seule en goûte la joie ; les deux autres y prennent part là-haut dans le cortège de celle qu'à Lantic nous appelons de ce titre délicieux : Notre-Dame de la Cour des Anges. Elles aimèrent Dieu, leur famille, l'Eglise, les pauvres ; elles semèrent à pleines mains les bienfaits, et les malheureux pleurèrent à leurs funérailles. Je n'ose insister de peur d'appeler des larmes, mais je leur devais cet hommage. *Quiescat vos a ploratu*

BIBLIOTHÈQUE NATIONALE R.F. IMPRIMÉS

et oculi a lacrymis (Jérémie XXXI, 16), ce n'est pas l'heure de pleurer et vos yeux ne sauraient verser que des larmes de joie.

La puissance de Marie procède de son cœur immaculé. Jamais créature n'a aimé comme elle, parce qu'aucune ne s'est moins cherchée. Au contact du cœur adorable de son Fils, elle connut les extases de la divine union. Associée par sa maternité à l'œuvre de notre rédemption, elle apprit aussitôt que l'amour se nourrit de sacrifices, selon la formule saisissante du vénérable Jean-Marie de la Mennais. Plus son cœur possédait le pouvoir d'aimer, plus aussi il avait la capacité de souffrir. Les humiliations, les travaux, les souffrances, la passion, la mort de Jésus retentirent cruellement en son âme. Notre-Dame de Grande Puissance devint Notre-Dame de Pitié, tant sa compassion l'associait à notre rachat et à l'expiation de nos crimes. Elle mesura les extrémités de la douleur humaine. De là son irrésistible pouvoir d'intercession sur son Fils.

Ne doutez jamais de son patronage, Messieurs, Mesdemoiselles ; ce qu'Elle garde est bien protégé. Jadis le Penthièvre et ses vaillants chevaliers, seigneurs de haute allure, parmi lesquels je reconnais les vôtres, se prosternaient à la veille du combat dans cette collégiale et demandaient la victoire à Notre-Dame de Grande Puissance. Sollicitez la première de toutes les grâces, celle de votre sainteté personnelle et la bénédiction de vos foyers. Puissiez-vous vous survivre en une génération de justes, en une race d'élus ! Puissiez-vous accroître en vous le patrimoine de foi et de traditions religieuses et chevaleresques de vos ancêtres pour le communiquer agrandi à votre postérité ! Savez-vous bien quelle est la puissance des fidèles du Verbe fait chair en Marie ? *Dedit eis potestatem filios Dei fieri.* Jésus leur a communiqué, nous dit saint Jean, le pouvoir de devenir les enfants de Dieu.

II

Vous avez choisi d'illustres témoins. Pouvons-nous pénétrer dans cette collégiale, sans y rencontrer les grandes ombres de saint Guillaume, Evêque de Saint-Brieuc au XIIIe siècle, qui consacra cette nef, du Bienheureux Charles de Blois qui construisit ce chœur et cette abside ? Ils vous parlent, Messieurs, Mesdemoiselles, de force, de fermeté de caractère et de sainte passion pour la justice, vertus trop rares en notre temps et bien nécessaires pourtant au milieu des injustices et des persécutions des impies qui nous oppriment.

Vous établissez des foyers qui constitueront la sainte réserve de la patrie en décadence et de l'Eglise opprimée. La jouissance semble la première loi d'une génération amollie par la richesse : vous échapperez à l'ambiance contemporaine qui vous appelle dans le tourbillon des plaisirs, par l'énergie de votre foi. En ce moment la religion seule vous protégera contre les entraînements auxquels résisterait mal la seule nature trop inclinée aux joies de la terre. Si vous ne demeurez pas chrétiens jusqu'à la Croix, vous ne compterez jamais dans l'élite de Gédéon qui sauvera le peuple d'Israël, c'est-à-dire les traditions de votre race, de votre Bretagne, de votre France, du naufrage de toutes les croyances.

Aucuns maîtres n'égaleront, pour vous tracer votre route, les témoins de votre mariage, ces deux grands saints dont la mémoire s'incruste en ces colonnes et en ces murailles. Saint Guillaume, Evêque de Saint-Brieuc, opposa sa poitrine à la pointe des épées des agents du duc Pierre Mauclerc pour protéger ses prêtres contre leurs coups. Il préféra l'exil aux capitulations qui perdent une cause et déshonorent un homme. *Etsi omnes, ego non.*

Le Bienheureux Charles de Blois, sacré par son mariage avec Jeanne de Penthièvre gardien des droits de son épouse à la couronne de Bretagne, les défendit au prix de son sang, de sa liberté et enfin de sa vie. Le blessé de la Roche-Derrien, le prisonnier de la tour de Londres, le vaincu d'Auray proclama par sa vie que la sainteté s'acquiert par la fermeté dans l'épreuve et l'inviolable fidélité à la justice. Qu'il vous arme, Messieurs, chevaliers des causes opprimées de l'Eglise et de la tradition française, afin que votre race fleurisse dans l'honneur et la vertu : *Et flores mei, fructus honoris et honestatis*, xxiv, 23.

III

Vous avez choisi, Messieurs, Mesdemoiselles, un cadre favorable pour la réception du sacrement qui vous unira indissolublement par les liens les plus sacrés. Cette colline se dresse comme un trône où siège Notre-Dame en sa collégiale de granit ; elle porte aussi les traces du château fort dont les frondaisons de la promenade publique remplacent les murailles et les tours ; elle couronne une cité dont elle orne le front d'une parure aujourd'hui printanière. Le soleil et le vent, qui se jouent dans les ramures, chantent l'hymne de la paix, la cantilène des amours chrétiens qui gardent jusqu'à la vieillesse et jusqu'à la mort leur inaltérable jeunesse, le quatuor des rêves enchantés d'avenir. Plus de cliquetis d'armes sur ce verdoyant sommet, plus de choc de lances sur des armures d'acier, plus de roulement sourd des machines de guerre, plus de coups de mousquets ou de bombardes, plus de grincements de chaînes des ponts-levis.

Le passé ne se survit que pour vous envelopper de son art et de sa gloire, cadres historiques de l'événement de ce jour, symboles de l'union intime des plus nobles traditions aux plus enivrants espoirs. Le XIIe, le XIIIe, le XIVe siècle ont dressé cette église tour à tour dans la grâce austère de son portail et de sa nef, dans l'élégance svelte de ses colonnes fuselées et de sa haute fenêtre saxonne. Nos maîtres maçons de Bretagne ont écrit cette page d'architecture à l'honneur de Lamballe et du Penthièvre. Elle revêt votre démarche décisive d'aujourd'hui d'une parure de pierre et de beauté.

Tout à l'heure vous sortirez de cette enceinte et vous jetterez un regard sur l'horizon. Votre avenir s'étend aussi largement que lui.

A vos pieds la ville, la tour Saint-Jean, la vénérable église Saint-Martin, des couvents en partie dévastés, de vieilles rues, d'antiques demeures, de modernes quartiers ; plus loin la campagne aux riches moissons, les lignes d'arbres qui donnent l'illusion d'une forêt, la courbe harmonieuse des collines du Menez ; en un mot de la poësie, un cadre unique pour vos rêves de jeunesse.

Rêvez, jeunes gens, nul ne vous querellera de tisser cette trame d'or sur laquelle se brodera votre existence. Les soucis et les tristesses viendront trop vite jeter leurs ombres sur ce tableau et leurs teintes d'au-

tomne sur les vives couleurs de votre prin-
temps.

Toutefois, dans vos rêves, mêlez le divin
à l'humain, surnaturalisez tous vos sentiments, marquez d'une divine empreinte tous
vos desseins et dressez au bout de votre
horizon les perspectives de l'éternité.

Rêvez d'une vie sainte comme celle des
meilleurs parmi les anciens de vos familles
qui vous ont légué tant d'honneur et tant de
foi ; rêvez une pureté parfaite au foyer, afin
de monter toujours plus haut dans un amour
que la patrie bénira pour sa fécondité et
que le ciel récompensera par des béatifiques
visions.

L'ange Raphaël disait à Tobie, au retour de
son miraculeux voyage et au lendemain des
noces de son fils, de remercier Dieu et de lui
chanter sa reconnaissance : *Ipsum benedicite
et cantate illi*. (Tob. XII, 18.) Qu'ainsi se ter-
mine votre rêve poétique d'avenir, dans une
louange au Seigneur et dans un merci ardent !

Liez maintenant vos mains et vos cœurs,

sous le regard de votre protectrice, devant
les saints vos témoins, dans ce cadre d'architecture et de nature évocateur de tant de
gloire, excitateur de tant de rêves. Jadis le
sang des Launay, des Penguily et des Cargouët
s'unit pour vous donner plus d'une aïeule
commune. Du haut du ciel, vos ancêtres
souriront à votre démarche, car vous renou-
vellerez le passé par vos deux alliances ;
vous riverez de nouveaux anneaux à une
chaîne qui allie depuis tant d'années vos
races, chaîne d'amour plus infrangible que
tous les contrats, plus durable que tous les
serments. Ni le regret ne la descellera, ni le
temps ne l'usera. L'Eglise prête l'oreille à vos
engagements et Notre Seigneur Jésus-Christ
les élève à la dignité de sacrement : des
mariages comme les vôtres assurent la
sanctification des époux, l'accroissement du
royaume de Dieu, la perpétuité de la race et
des traditions, la permanence des vertus bre-
tonnes. *Qui confidunt in Domino, sicut mons
Sion ; non commovebitur in æternum qui habi-*

tat in Jerusalem. Parlez : voici le couronne-
ment de vos patients espoirs. Ils n'ont pas
été trompés, parce que vous avez mis votre
confiance dans le Seigneur et que vous avez
établi vos âmes sur les sommets de la vie
chrétienne, sur la sainte montagne de Sion.
Chacun de vos foyers, comme en une autre
Jérusalem, appartiendra au royaume de Dieu
et rien n'en ébranlera les fondements. *Non
commovebitur in æternum*. Ainsi soit-il !

5-44 Saint-Brieuc. — Imp. René Prud'homme

www.ingramcontent.com/pod-product-compliance
Lightning Source LLC
LaVergne TN
LVHW021758210726
843510LV00016B/682